AF582151

FÚTBOL 2 X – MULTICUENTOS

Rafael Sarmiento Monroy

FÚTBOL 2 X – MULTICUENTOS

Rafael Sarmiento Monroy

Autor: Rafael Sarmiento Monroy

Diseño de portada: Kengelyn Alarcón

Corrección de estilo: Adelis Becerrit Díaz

Maquetación: Divayre Sandoval

ISBN: 978-980-8030-24-2

Primera edición.

FÚTBOL 2 X – MULTICUENTOS

El mundial de fútbol se debía de jugar, pero la selección nacional no conseguía sostener ningún balón ni mucho menos dominar con verdadera convicción a cada uno de los adversarios de las eliminatorias; por eso consideré muy necesario intervenir la cancha de juego, solo en los entrenamientos, y que con ello se vieran mejor los adelantos de los jugadores que nos representarían en los futuros partidos.

Habiendo conocido este deporte desde niño, disfrutándolo plenamente con mi padre en partidos dominicales, y después que observé una gran diferencia entre las estaturas de los jugadores del fútbol nacional con relación a los internacionales, que ilusionado como un niño llegué a pensar que las canchas donde se practica nuestro fútbol, con jugadores casi tan bajitos como Willington Ortiz, deberían ser un poco más cortas, para así facilitarle la llegada al área contraria con las suficientes fuerzas en las piernas, y poder lanzar los disparos al arco con más potencia y precisión.

Con las ventajas de aprovecharlas, aunque fuera solo para entrenamientos, en las prácticas, intentar vencer a los equipos de estaturas mayores, como especialmente son los del mundial. Queriendo hacer realizable esa ilusión, rediseñé la cancha logrando de paso dos de tamaño reducido dentro de la mayor, en las cuales vi claramente que se podían prestar sus medidas, muy cómodas para jugar otros partidos aprovechando el generoso espacio que tiene la cancha tradicional para jugar.

Así que pensé que se debería poderlas dar al servicio de la Federación de Fútbol, como una perfecta opción para la práctica en algunos estadios. Considerando que jugando sobre unas canchas así de cortas, se pueden ver beneficiados los rendimientos de los jugadores al llegar cerca del arco contrario, aumentando las posibilidades de anotar más continuamente y sin mayores pérdidas de tiempo, obteniendo los resultados que se esperan del aprendizaje, como respuesta al esfuerzo mermado de este juego.

Me dispuse a trabajar en la idea y las formas gráficamente posibles, llegando al diseño más adecuado para mi satisfacción, que bocetando y rayando papel concluí en esta innovadora forma de practicar este juego tal como él es, y con su reglamento aprovecharlas sin ir a contravenir las normativas básicas del 'mejor espectáculo del mundo'. Al encontrar esta otra manera de practicar partidos de fútbol y que ellos, al ser para 'entrenamiento de jugadores', las dos canchas se me ofrecieron óptimas, también, para utilización ante público con jugadores que no intervengan en partidos profesionales.

Esto quiere decir, que las canchas así obtenidas y configuradas para la duplicación del escenario, estarán sólo dedicadas para la participación de equipos que se quieran enfrentar dentro de su proceso de 'aprendizaje´, en el que conociendo el juego se quieran examinar ante la situación crítica de estar en público. Siendo para cuatro equipos que jueguen dos partidos, cuyo fin esté en el aprovechamiento del terreno bajo estos puntos de vista: que sean usados para su realización de manera simultánea. Con jugadores que sólo deseen mostrar sus propias habilidades al jugar fútbol, que lo hagan como simples aficionados al balompié, y que quieran practicar este deporte ante sus amigos y familiares; cumpliendo las exigentes normas de este juego de entrenamiento público.

Mas, como su fin ulterior es servir de multiplicador del deporte balompédico, se presume que la asistencia al estadio viendo estos partidos, será de personas cercanas a los propios jugadores, amigos y familiares, que desean apoyar el avance y progreso que estarán alcanzando los deportistas que se inscriban en el mismo estadio. Comprometido con el diseño del nuevo juego con partidos de fútbol, me fue obligante presentar un organizado programa con este sistema, diseñándole la logística para alojar en el campo los dos juegos.

Como bien lo podemos saber, en la ciudad se necesitan espacios apropiados para practicar el fútbol de manera excelente. Por tanto, los futbolistas nos vemos abocados a buscar zonas vacías, en las cuales, después de acondicionarlas con piedras, maletines, o las bicicletas con las que nos trasladamos como si fueran las porterías, para jugar allí, conformando un equipo al azar, como si fuera para un torneo de fin de semana, que se hace para mostrar lo que se ha aprendido aficionadamente, y que se quiere progresar en este juego. Por lo cual, imaginando estas canchas y diagramando el espacio mediante el sistema denominado de geometrización axial (que propone la manera de replicar aquellos puntos geográficos situados en un plano X, y de manera idéntica traspasarlos a otro de similares características o plano Z); para así generar otro espacio similar utilizable, en este caso, para la cancha multiplicada en dos canchas paralelas, una al lado de la otra, e independizadas desde la línea medianera con un espacio suficientemente ancho entre ellas, y con sus correspondientes arcos definitivos, tamaño adulto, de tubo, y con su respectiva malla; más las áreas de riesgo, marcadas en torno a los arcos, que resultaron a la perfección para la realización de dos juegos similares e idénticos dentro de ellas; optimizando de tal modo la cancha tradicional de fútbol del estadio; y presentar las dos a este innovador uso, para el beneficio del aficionado futbolista en general.

Con sus árbitros y sus jueces de líneas en cada uno de los partidos de entrenamiento, con público presenciando desde las tribunas, se puede invitar a un nuevo espectáculo para el disfrute de los seguidores del fútbol, presagiando tal abundancia de asistencia a las tribunas, como en las filas de candidatos a querer jugar, que -nuevas masas- se pueden esperar para la participación en esta forma de ver el deporte; que siendo, de solo una jornada muy atractiva dentro del estadio, se solicitaría un carnet de inscripción, con el que cada uno de los jugadores van a buscar el uniforme del equipo con el cual quieran participar. Y después de presentar examen evaluativo (que les recordaría normas como las que siempre son), por ejemplo: ¿Qué tiene 7,32 metros de largo por 2,44 metros de alto?; ¿cuál área tiene 16,50 metros?; y ¿cuál tiene 5,50 metros? ¿La distancia del punto penalti al arco son 11 metros?; y ¿la separación entre los dos campos o el espacio para los Jueces de Líneas tiene 2,00 metros de ancho?); cada jugador así seleccionado, aunque haya llegado independientemente o dentro de una escuela de fútbol, encontrará la nueva cancha para jugar, con sus arcos y líneas normativas incluidas. Las líneas de esquina y las líneas centrales, más los cuatro puntos de penalti ya señalados; para que cuatro equipos (4), de siete elementos cada uno (7), ingresen a su césped remarcado con líneas blancas, a participar en un rápido torneo de índole eliminatorio, creado para su usufructo utilizándolo como práctica amistosa.

Con los cuatro equipos conformados de tal manera y ubicados en una cancha dos, y en la otra dos, para que sean alguno de los dos vencedores iniciales; y en sendos partidos que deberán dejar también, obligantemente, un par de no vencedores. Todos y cada uno los cuales deberán enfrentarse en un partido subsiguiente para disputar entre sí, los vencedores contra los vencedores, y los no vencedores contra los no vencedores en sus correspondientes campos. Un premio se ofrece al triunfador del certamen, y al segundo y al tercero del día.

Cada período de juego debe ser de treinta minutos (30') de duración, con descanso de diez minutos (10') a la mitad (sin que se puedan ir al camerino), conformando así un bloque simultáneo de juegos con los dos partidos de sesenta minutos, inicialmente. Después, y de un más alargado descanso que será de quince minutos (15'), se jugará un segundo bloque, con el cual se deberá culminar todo el torneo de cuatro partidos en un día.

Los jugadores candidatos que apliquen y que vayan al terreno, deberán -saber usar- con un muy buen trato el balón reglamentario del fútbol; y aceptar obedecer las órdenes del director técnico que le corresponda en turno. Y, además de someterse a un examen de condiciones futbolísticas, tener muy buena conducta ante el público, y con los jueces y árbitros. Los árbitros y jueces de líneas, al conformar la Comisión Arbitral del Evento, en su buen criterio, y con su experiencia laboral, sabrán señalar las infracciones, de la misma forma y manera como siempre lo han hecho en los compromisos de su labor; además, al momento de ir a las canchas, ellos deberán portar sus silbatos como elementos de trabajo, haciéndolo con un diferenciado tono de sonido, entre el suyo y el del partido aledaño; con lo cual se pueda diferenciar con claridad entre uno y el otro de los árbitros de los dos partidos en disputa.

Mas, como ellos son la autoridad general del torneo, también se requiere que tengan a su cargo, con responsabilidad, los balones con los que se ha de jugar en cada uno de los dos partidos; pues, estos deberán tener un diferente color y estar notoriamente contrastados el uno del otro, para los partidos simultáneos que se jueguen desde un comienzo, y hasta que se culmine el programa total del torneo; con lo cual se asegura el no confundirse de balón en las canchas al jugar. Al finalizar el certamen, los organizadores con sus anotaciones certificadas darán la premiación al equipo que haya triunfado, y cuyo partido se debió efectuar en el campo donde mayor cantidad de anotaciones se haya conseguido en el bloque de iniciación. Así mismo, también se deberá premiar al goleador total del torneo.

Con expectativa esperaremos el momento en que se oigan los -dos silbatos- que llamarán a los equipos al centro de los campos. Y, cuando el juego comience, el sonido de una campana de bronce se oirá dando el verdadero inicio al tiempo del juego simultáneo. Esta campana se oirá igualmente al finalizar los (30') treinta minutos del período de juego. De este modo se hará cada vez que inicien y culminen los juegos en cada bloque de partidos dobles de Fútbol 2X. El reloj estará marcando el tiempo de juego que quede por jugar en modo simultáneo, pues, siempre estará dando marcha hacia atrás, y sin que pueda detenerse en su accionar por ninguna razón ni motivo.

Jugadores y demás protagonistas del torneo deberán cumplir con los protocolos señalados para estos eventos de índole popular; yendo a situarse en línea recta para la presentación inicial. Acto seguido, equipo que llegare a formarse con mayor diligencia y disposición, será situado en el campo número 'uno' del evento; más su contrincante, el que llegue de último, desde el camerino. Al frente los jueces. Los cuatro equipos jugarán cada partido con siete titulares en el terreno (seis jugadores de campo más el portero); y de estos siete se deberán sustituir, en relevos obligatorios, cuatro de ellos, todos titulares, manteniéndose la norma tradicional que siempre obligó a jugar el partido con once jugadores por equipo; y esto de estricto cumplimiento dentro del trascurso regular de cada partido.

Con variabilidad de colores amarillo, azul y rojo, los jugadores de entrenamiento que estarán como esta primera vez que veremos este certamen entre una selección nacional, confrontándose con otra de similares virtudes del sur del continente, en uniforme de rayas azules y blancas, cuando todo el público verá el fútbol más intenso. Toques de lujo, muchas gambetas; quites imposibles, y, por demás, jugadas increíbles en un campo. En el otro también, desbordes, chalacas, túneles y caños; sorpresivas paredes, y eso sí, a cada avance, espectaculares remates al arco. Adicionalmente, que a sabiendas que nadie quiere perder, tampoco se desperdiciarán los disparos, enviándole balones al portero; pues, los delanteros no desearán irse a casa sin goles.

Así que toda la afición estará lista a cumplir con las modificaciones que trae esta forma de practicar el deporte para ser mejores; pues, en lo relacionado a la presencia de público en las tribunas, se puede salir a jugar con la seguridad de ser juzgados por un público conocedor que irá a buscar el asiento preferido en la tribuna o en la equivalente, cerca de dónde se presente el equipo que prefiera, para verlo jugar en la final; por lo cual la boletería estará distribuida en cuatro secciones similares, entorno al escenario, para que abarcando el recinto total, y en cuyas secciones corresponda a cada equipo, al frente del que juegue, encontrará su asiento numerado igual, y, por su color, para que en cada partido encuentre el asiento para seguir su equipo, moviéndose en el mismo sentido, alrededor del escenario, por las tribunas, que no deberán estar cerradas ni con talanqueras, para no impedir el libre sentido del público en su desplazamiento.

Para hacernos una idea más clara de cómo se puede jugar con la urgencia de aprender con rapidez, invitamos al escenario a dos grandes amigos del fútbol. Ellos serán, para este propósito, nuestros orientadores; y estarán en la exhibición con sus jugadas, usando nuestra nueva cancha, a la que invitan desde ahora a disfrutar con su participación.

Qué buenos partidos disputaron las dos selecciones

La más afamada de todos los tiempos: con Freddy Rincón como mediocampista; jugador que siempre estaba listo en las jugadas exigentes cerca del área, junto con el mejor volante diez, el renombrado Carlos Valderrama, con un inconfundible estilo para pasar la bola por entre los defensas contrarios; junto con otros también, de niveles mundialistas, como Faustino Asprilla, Adolfo Valencia, Oscar Córdoba, Leonel Álvarez, Barrabás Gómez, o Alexis Mendoza, Wilson Pérez, Luis Carlos Perea, Chonto Herrera, todos dirigidos por el inolvidable técnico Francisco Maturana, conformando ese equipo que hizo vibrar a tantos aficionados, sobre todo, contra uno de sus más exigentes contrincantes, y en el que jugaban: Gabriel Batistuta, Fernando Redondo, Diego Simeone, Leo Rodríguez, Medina Abello, Borelly, Altamirano, Zapata y Rugiery, bajo las órdenes de Alfio Basile, todos excelsos exponentes de un fútbol de exportación internacional, que dejaron todo plasmado en las páginas del más exquisito recuerdo.

Ellos jugando en un terreno escogido como el "Uno". Mientras, en el campo "Dos", otros equipos; tan importantes y bien calificados para el mismo propósito, a su lado, nerviosos, cautelosos, pero tan analíticos como si fueran imanes con la misma carga, que chocan sin conseguir dominar a su contrario como lo quisieran; cayendo en tantas y continuas faltas, trasgrediendo la regla 12.1 del reglamento del fútbol. Porque al presentarse un derribo del jugador del equipo amarillo, en plena área de riesgo, Arley Betancourt cuando fue a recibir un pase aprovechable no lo logró controlar por el impedimento del defensor que lo obstaculizó, atravesándole la pierna antes de enviar el inminente disparo. El árbitro, señalando la falta con su mano estirada, apuntó de inmediato el punto penal. Su compañero Iván Ramiro Córdoba, fue y se apropió del balón, a fin de realizar él mismo el tiro, pues, con anterioridad lo había solicitado; si se daba la oportunidad de cobrar. Entonces, sin pérdidas de tiempo, lo lanzó fuerte, para que hiciera curva entrando al arco haciendo que la celebración fuera inmensa y estrepitosa en ese sector; abrazándose, como hacían los jugadores sobre el terreno. Él se apartó mostrando en su camiseta un gran número dos -impreso- en ella; como recordando a un anterior integrante de la selección, que ocupó esa misma posición y que desapareció trágicamente.

El gol de penalti desequilibró las fuerzas. Se rompió el celofán, y comenzó la grandiosa ilusión de vencer en el evento. Pero cómo no, si se podían sacudir la hegemonía de tan gran opositor; y con el uno por cero, también, se tenían más ínfulas para vencer a cualquier otro equipo en el campo.

Al volver las miradas hacia sus vecinos de terreno, allí donde estaban los más conocidos jugadores, se podía sentir, con claridad, el gran beneficio de jugar aprovechando el campo así; pues, en comparación con las canchas grandes, las jugadas importantes aquí se nos ofrecían muy cercanas, y ellas con mucha más continuidad. Como, por ejemplo: al realizarse el zaque de banda después que el balón salió del campo, sin culpabilidad, fue y dio al otro terreno, donde las acciones no se suspendieron por el hecho acontecido, sino que solamente un jugador podía ingresar en su búsqueda, o, esperar en la raya para su devolución pronta; así que el árbitro, según lo visto, no amonestó a nadie, porque el balón esa vez no se había salido por negligencia u otra causa antideportiva o anormal del terreno de juego. Entonces, el jugador Wilson Pérez, lateral de gran labor, hizo el lanzamiento enviando el balón hacia su compañero atacante, el tren Valencia.

Pero este, estando muy marcado por el defensor contrario, tuvo que retrasar su deseo de avanzar hacia el compañero más cercano; hacia Carlos 'el Pibe' Valderrama, quien sí pudo apropiarse del valioso balón y luego de redireccionar el avance, haciendo una cabriola a su estilo, pudo enviar la bola hacia donde vio que corría de frente al arco el ágil y rápido Freddy Rincón. Con ese pase y en plena carrera, este, muy seguro, sobrepasó al defensor que se quedó en velocidad; y, en su avance, llegó ante el portero Goicochea, pero para confrontarlo con el recurso de alejarle la bola por el suelo y dejarlo en un desesperado manoteo, caído en el suelo y con el balón a sus pies, lo redireccionó, antes de que llegara el defensor que corría detrás; para patear hacia el interior del arco y marcar el tan necesitado ¡gol! Todo el público del sector dio un salto de alegría, como si en verdad recordaran un gol idéntico, marcado por este mismo jugador en un partido mundialista.

Todo fue una gran dicha y gran jolgorio, formado por ir venciendo a su tremendo rival. Después de algunas jugadas de defensiva se oyó, casi imprudente, la campana, señalando con ello la finalización del primer tiempo del partido. Los dos árbitros también corroboraron con sus silbatos, el tener que irse al descanso merecido por los siguientes diez minutos intermedios de este bloque inicial. El estadio quedó al instante en el barullo que se forma al abandonar los asientos e irse a cambiar de actividad, por ahí, intercambiando conceptos con los más cercanos vecinos que quieren cotejar opiniones con las de sus vecinos al caminar dentro de las tribunas.

—¿Cómo te ha parecido el sistema del torneo?

—Muy bueno. Me agrada mucho —le contestó el otro.

—Y, ¿los goles?

—Sí. Es lo mejor que ha pasado; porque ellos son para nuestro placer, ¿cierto? Y me parece que veremos muchos más hoy.

Mientras hablan, en el escenario se aprecia la revista gimnástica de las porristas en el centro de los campos; y cuyo color de los uniformes corresponden al terreno de cada equipo en disputa. Lo hicieron muy bellamente, hasta que los árbitros anunciaron el momento de reiniciar acciones llamando al centro de los escenarios. Al instante, los espectadores oyeron el repicar de la campana que al tiempo iniciaba las acciones. El gran reloj del tablero comenzó a marcar el tiempo que restaba de los partidos... '29:59'… '29:58'… '29:57'…

Rodaron balones y el recinto en pleno dio un sonoro aplauso demostrando a todos el sentimiento de gusto de ver este juego, y que desean ver cómo vencen a sus contrincantes. Tanto, que parece estar viendo en ellos unos artistas en el dominio del balón; por lo cual, a cada jugada distinta y especial que veían, aplaudían con inusitado placer diciendo:

—¡Sí, sí! ¡Ahora sí, a ganar!

y entonaban:

—¡Sí, estaremos en el mundial!

Sin improperios en el estadio ni frases desobligantes en las tribunas; y esta vez menos, sólo con la motivación necesaria que es la que alienta mejor. Y, comprender al jugador cuando haga sus jugadas, ya sea al defender o al atacar. Como le pasó al lateral Viveros, quién por querer desviar la pelota, cometió algunas serias equivocaciones; cuando en un quite deslizante la envió hacia la línea final, fomentando un riesgoso tiro de esquina. ¿Descalificarlo? No, sino más bien mirar la jugada con optimismo, como el que sabe que no va a pasar nada peor. Barros Schelotto la quiso cobrar, sin embargo, con una enseñanza. Cuando al acercarse a la esquina y al agacharse el delantero para depositar el balón con el fin de realizar el cobro, otro jugador del partido aledaño, y quien también estaba cerca de realizar un cobro de esquina para su propio partido; lo cual resultó en que uno de los dos permitió que el otro lanzara primero. Un hecho de elegancia y gran respeto que hizo levantar aplausos de parte de quienes estaban cerca de ese sector.

Cuando él lanzó le fue a caer dentro del área, frente al arco. Allí donde el jugador Ayala cabeceó peligrosamente contra el portero Calero; entonces, el aplauso se volvió a escuchar esta vez más fuerte aún, de hecho, causado por la impresionante atajada que realizó el ágil guardavallas. Al estar viendo a cada portero en sus jugadas, ellos siempre sacaban el balón lanzándolo hacia otro de sus compañeros, el que tiene que encontrarse fuera del área grande; y que, protegido por el juez, deberá recibir para sin demoras enviar el balón a otro de sus demás compañeros, también protegido; y este, sin tardar más de tres segundos, proceder a jugar el balón nuevamente con un tercero, este sí expuesto ya y sin la protección para jugar libremente, teniendo en cuenta que este no puede enviar al área ni al arco contrarios, so pena de tarjeta. De esta forma, y hasta que completen la jugada, el árbitro no bajará su brazo, que mantuvo como señal en lo alto al realizar el saque de arco correctamente.

En tanto que las cosas sucedían, en el campo 'uno', con solo lanzarle el balón al delantero Asprilla, que recibía la bola como si tuviera pegamento en el pie, y sin saber cómo pasó, el jugador Rugiery tuvo que ver el amague con un solo paso y desbordándolo con otro más, quedar viendo hacia el portero. Y, como generalmente sucede, que es más rápida la acción creativa que la reacción para impedir. Lo sabemos los que jugamos bien. Puesto que, en el momento, el arquero Goyco no supo bien cómo hizo el delantero para enviarle el balón por debajo de su cuerpo y que penetrara en el pórtico cayendo al piso, elevándole la cuenta en su contra con el 2 a 0.

De inmediato se manifestaron dentro de los asistentes las diferentes formas de celebrar. Unos quieren llevar hasta el cielo al jugador cuando la anotación aparecerá en el tablero de los marcadores; mientras otros, con más frialdad, aplauden la gesta lograda, alentando con prontitud al equipo, y que se continúe de la misma forma. Todo, porque en estas confrontaciones suelen presentarse cambios en el ritmo de las emociones y del frenesí, se suele pasar al desespero o a la angustia, y terminar en alguna frustración; por lo que el éxito es para unos por ese momento, pero para otros es una no celebración; pues, comprenden que los partidos se ganan o se pierden y hasta se empatan, como juego que es, no una guerra. Comprendido lo cual, se entiende que todo deporte está hecho para limarle las asperezas al ser humano, como tal, más como contraprestación le da una escala para vivir en el nivel que se quiera alcanzar. Y hoy lo vemos, nuestro entrenamiento le servirá como el mejor laboratorio de prácticas para aquellas conquistas personales a nivel social.

En el campo 'dos', el árbitro se vio en la necesidad de sancionar jugadas que lo ameritaban como penas máximas. Jugadores infalibles como Martín Palermo, del equipo visitante, que no pudieron concretar en sus ocasiones que tuvieron, pasando por las mismas veces la vergüenza de no realizar ninguno de los tantos dados en su favor; o el que tuvo uno, el delantero Hamilton Ricard, sancionado dentro del área, pero tampoco concretó ante el portero Mono Burgos, quien le atrapó con facilidad el disparo resultante de un cansino impulso.

Es que las mejores anotaciones son las que se celebran dentro de las jugadas que contienen acción y dinámica; esto es, dentro de la elaboración que culmina consiguiéndose el tanto. Así, un gol anotado, tiene el valor de quedarse en la memoria del observador y de los participantes, para el recuerdo y celebración. Porque tales goles son una fantasía en nuestro inconsciente que se quiere ver cumplida. En especial, cuando fue una jugada con total astucia e inteligencia la que hizo culminar en el interior del arco para el recuerdo. Ese tipo de gol es la materia prima para que los partidos sean los que motivan a la voluntad a querer ver el balompié.

Goles muy emocionantes como el que sucedió después de haber reemplazado los jugadores, y de la talla como Ricard por otro como Congo, y al gran Bonilla por otro tan punzante como Zambrano, pues, el compromiso en ese campo número 'dos' tomó otros remozados ímpetus, cuando por la derecha ingresó el Ferry deseoso de lanzar dentro del área, pero un defensor con la pericia de Caña, también la quiso quitar con la punta de su zapato, pero lo que hizo fue desviarla hacia la línea final. De hecho, para el cobro que el jugador Quintana ejecutaría, y con el que llegó la fiesta; pues, Zambrano, al pretender recibir la bola, con solo moverse desubicó a los defensas, incluyendo a Palermo que llegaba a la defensa; pero, la esquiva pelota continuó corriendo hacia los demás para llegar al pie de Congo, quien, en medio de varios defensas y en el borbollón, hizo algo impensado para dar el toque definitivo. Con una acción rápida la bola cambió de rumbo; y de la forma más artística posible, casi inexplicable, configuró un golazo para la galería de los tacos bien ejecutados. Todos gritamos, saltamos, y en carrera, los jugadores hacia Javier Álvarez el Profe; y los demás, viendo la causa de la algarabía. Solamente que, en medio del ruido, en la tribuna, por ese 2do a nuestro favor, el partido tenía que continuar para saber quién ocuparía cuál cancha en el partido definitorio.

En el otro campo también, las jugadas sucedían una tras otra. Nadie se cansaba animando a los jugadores. Después que al Pibe Carlos Valderrama le cometieron una falta que atendieron fuera del campo, sus compañeros continuaron quitando balones para alcanzárselos al rapidísimo Asprilla; quien hacía todo con su único afán: hacer levantar de los asientos a los espectadores de su sector para ir hasta ellos y celebrar con sus saltos.

Después de tantas y espectaculares jugadas, los muchachos comenzaron a pasar momentos de angustia, pues, debiendo emplearse mucho más al defenderse y con la excelente calidad, de estos heridos oponentes, a duras penas conseguían interceptar algún pase, pero sin sostener el balón, demostrando a todos su grado de experticia; por lo que desde las tribunas la gente, con sus gritos daban ánimos al arquero, para que él fuera quien interviniera destruyendo todos aquellos intentos del equipo de Diego, quien a estas horas se encontraba en la tribuna sin saber a quién aplaudir mejor. Tanto era el afán de los jugadores por conseguir la paridad, que si caían al suelo no se demoraban nada en levantarse, pues, lo hacían así acosados por la premura del tiempo, que les parecía corría con obstinada rapidez.

Era un momento del juego en el que todos veíamos, a causa del torbellino de acciones rápidas en que habían caído, a cambio de aumentar el marcador, los disparos contra nuestro arco aumentaban de continuo, y de tal modo, que en un envío del lateral Saldaña le llegó a Altamirano, quien lo cabeceó hacia Simeone; más, este lo creyó tener con un disparo dentro del área, rompiendo nuestra excelente defensiva; pero el fuerte balonazo con el que lo quiso intentar, pegó primero en una de las manos de Chonto Herrera, rebotando en Perea, el cual despejó hacia lo más lejano posible del campo. Sin embargo, el juez, con su mirada, vio hacia donde salió el balón, sin querer dar importancia a los que levantaron sus brazos pidiendo que se pitara la falta de mano cometida dentro del área. Presumiendo que el árbitro prefirió darle agilidad al trámite tan rápido y confuso de la acción jugada; y que por no tener la intencionalidad suficiente al dar el balón contra los defensas allí agrupados; y que hacer perder tiempo valioso a los equipos en una rápida y confusa acción no sería lo más justo a estas alturas; así que el facultado permitió que la jugada continuara en su desarrollo natural.

El público absolutamente feliz, en los dos campos, dentro de la gran fiesta que se había formado en las tribunas entonando canciones típicas con todo el sabor costeño, que los ágiles jugadores insistían en cumplir con los planes de sus entrenadores. En uno de los equipos del campo "dos" estaban jugadores como Jorge Bermúdez, que realizaba su trabajo como si él fuera el verdadero patrón del área; o la lozanía de un joven moreno alto y delgado, que parecía estar destinado allí para brillar como el más fino betún; o el inquieto Betancourt, que por el medio del campo, tocaba todos los esféricos con su zurda mágica de modales educados y sutiles, y en la misma tonalidad que Bolañito, quien también quitaba y salía, como si quisiera completar el ritmo que atrás imponían: Grisales, Ramiro, Bonilla o Quintana, sosteniendo los acordes de la orquesta en una misma melodía. Todo fluyendo como se quería, mientras no se oyera interrumpiendo, el sonido de la campana finalizando la gran obra. Pero aún quedaba mucho más espectáculo qué dar a los aficionados.

El técnico Bielsa caminaba al borde del campo resolviendo con cual jugador podría mejorar la situación de su equipo. Solamente iba y venía frente a los suplentes, y con las manos a la espalda oprimía sus dedos anular contra pulgar, como haríamos todos también a estas alturas del partido, pensando si ingresar a Zaneti o Riquelme, Walter Samuel, o Sorín; Killy González o Ibarra, o Ayala, como prospectos para cambiar los que esperaban, si no fueran suficientemente fuertes para aguantar los arranques de estos ágiles antagonistas, y que si acaso hubiera expulsados se podría quedar hasta con dos jugadores menos. Solamente dos menos, por equipo; o perder por sustracción.

Al otro lado, en el partido de Asprilla, se exponía toda la capacidad analítica de los observadores que alentaban a los morenos para que le recibieran el pase a su compañero de los rizos dorados, quien lo hacía de maravillas. Allí, con solo una gambeta, nuevamente le quedó para su carrera al puntero; a lo cual creyó que lo podía hacer, y con ella en su poder, a cada paso que daba, se la escondía al incómodo marcador, hasta que llegaron los dos a la raya final, cuando se decidió a patearla al arco. El portero con sus puños se la bloqueó fortísimo; aunque con la suerte contraria, porque esa bola fue a quedarle, para el remate, al astuto mediocampista Leonel Álvarez, quién llegando desde atrás apoyó avanzando con ella un poco más, por entre los defensores que lo seguían mirando, y casi de nuevo en la línea final, volvió a lanzar con un disparo que le cayó al goleador Rincón, el cual sin pensarlo dos veces la envió al fondo del arco. Fue un gol con tantas ganas, que el público lo gritaba sin poder creer todo lo que valía sentirse vencedor de tres goles por cero. ¡Maravilloso! 3 por 0.

Viendo los partidos como avanzaban con goles de uno y otro lado, pensé: «¿Qué se haría? ¿Cuándo alguno de ellos, si se diera un empate, y llegare a finalizar empatándose un partido a goles, o sin ellos, en paridad? ¿Cómo hacer para dirimirlos?». En tal caso dado, y en cualesquiera de los encuentros en los que se podría presentar un resultado así y obtener un ganador total, el proceder debe ser prolongar el evento con un bloque adicional de partidos dobles; y este entre los equipos que no se hubieren enfrentado anteriormente, todo para calificarlos como se hace normalmente: un punto para el empate y tres puntos para el vencedor del partido jugado. Con esta calificación y puntaje se dirime el empate y se obtiene el campeón, el segundo y el tercer puesto. Mereciendo la premiación del día y fecha del torneo.

Para tal procedimiento y la rápida identificación de los equipos, se deberían denominar, desde un comienzo, para ocupar posiciones en los campos. Con la letra "A" y la letra "B", en el campo 'uno'. Para el campo 'dos', la letra "X" y la letra "Z"; facilitándole a los árbitros el trámite de ubicación de los equipos, en caso que se llegue a presentar un empate. Si no se presenta, no habría necesidad de hacer uso de este procedimiento de grafemas con letras.

Más, como debemos continuar dentro del espectáculo que estamos presenciando me fue necesario sentir, como si fuera real, el correr del viento en el campo y el degustar del sabor de la victoria en la cancha, por lo cual me fui a practicar con amigos de fin de semana, deleitándome corriendo la cancha haciendo deporte y soñando en que faltaban solamente muy pocos minutos para que muchos aficionados tuvieran el escenario para hacer realidad sus sueños; y para que creyendo verdaderamente lo que en sus mentes ya habían observado.

Si ellos fueran deportistas que parecían no tener alma, cuando llegaron al estadio ya podrían superar a los más encumbrados y poderosos. Yo, alzando la mirada al cielo, vi las luces que me sugirieron cámaras de trasmisión llevando las imágenes en vivo a cuantos quisieran sintonizarlas. Cada emisora comunicando el acontecimiento al relatar los dos partidos, y tanto en una como en la otra de sus narraciones, los locutores publicaban con rapidez inusitada sus anuncios de productos y servicios, que ahora duplicados les impelían para poder cumplir con este nuevo sistema tan exitoso en la ciudad.

Faltaba la conclusión del primer bloque; más todo el segundo de la definición. Y se veían ya los muchos comentarios que las personas hacían por las redes manifestándose y comentando que el producto del evento debería ser dedicado para cubrir las necesidades de los deportistas más pobres. Otros decían que lo ingresado por el uso del escenario debía dedicarse a la construcción de más estadios en la ciudad. Yo creo que sí.

Cuento 1

Con mis guayos puestos y la pantaloneta esperando en la maleta; yo, a un lado de la gramilla, a la espera de patear el único balón que había en toda la cancha; pues, aún no se completaba el equipo para el entrenamiento. Mientras tanto oía al profesor con sus indicaciones: «¡Calienten esos músculos! ¡Vamos!, ¡Prepárenlos bien para jugar!» Y con los ojos cerrados quería sentir el piso, evaluar su dureza y cuando me caiga me pueda levantar de inmediato, sin sentir dolor.

Cuando corrí tras el esférico, sentí el ahogo en los pulmones que me equivalía a saber cómo me latía el corazón. Me permití exigirlo más cuando corrí con más velocidad. Al llegar el sudor, todo mi cuerpo me estaba avisando que ya podía vestirme el uniforme completo para entrar a jugar.

Cuento 2

Corría por el centro del campo. Quien me lanzó el balón fue el compañero, el lateral derecho. Lo conducía por su sector, acosado por un volante de recuperación, quien no quería permitirle ni levantar la cara para mirar a ver quién podría recibirle el pase para que rematara la jugada.

Sin avisar, al fin lo hizo. Con total perfección. Por entre los pasos del marcador me lo dirigió cuando nos acercábamos al arco. Y después de recorrer tan largo tramo, ese balón, por aire se lo recibí con un golpe sorpresivo que me salió también a la perfección. El balón cayó al fondo del arco, resultándome un golazo que todos gritamos largamente por la cancha con mucha alegría.

Cuento 3

El arquero de los contrarios se había presentado de improviso y desalojó al que había empezado jugando en el equipo. Llegó vistiendo de negro, un uniforme espectacular, como si fuera a enseñarnos su capacidad para atrapar balones cuando los tuviera a su alcance. Desde el primer momento se situó en el arco, dándose el lujo de querer meter miedo al medir con sus pasos el recorrido de un lado al otro. Lanzó salivazos sobre sus guantes. Nadie se atrevió a preguntarle si pertenecía a algún equipo profesional, aun cuando su imponente figura decía mucho. Era un jugador fuera de lo común. El estar curtido por el sol me hablaba también de que no saldría como perdedor del partido, pues, a cada remate que le hacían mis compañeros de la delantera, atrapaba los balones entre sus manos extendiendo los brazos sin ninguna demora. Así permanecería invicto casi todo el tiempo del partido. Apenas nos acercamos como aficionados, pero al querer traspasar la línea de gol él se cuidaba como todo un conocedor de su puesto.

Más, el jugador que se preparó para ir a jugarle cerca y a su altura, fue el que llegaría acomodando algunos maletines que deformaban el arco; observó las bicicletas que detrás del arco estaban caídas y fue a acomodarse para el tiro de esquina; se apresuró, como si lo hubiera pedido, y el disparo le llegó a baja altura para que, con un salto horizontal, como en palomita, darle el cabezazo que efectivamente hiciera que viera pasar el balón de gol con el que perdió su equipo ese día. El que marcó el gol fui yo.

Cuento 4

Llegó un equipo a la cancha, vestían uniformes completos; como si fueran a jugar algún partido de campeonato. Más, cuando el árbitro pitó llamando al centro del campo, ellos se apresuraron y contaron los jugadores con los que jugarían. Se dieron cuenta de que les faltaba un compañero. Buscaron dentro del público a alguien que quisiera jugar en su partido en su reemplazo; por lo cual me vi participando en su práctica que habían concertado con otro equipo similar.

De defensa, me pusieron. Los contrarios me golpeaban cada vez que iba por el esférico primero que cualquiera de ellos; y al ganarlo me veía expuesto a la manera de practicar el fútbol de tan rudos atacantes; tras lo cual me cambiaron la posición subiéndome a la delantera. Allí, por la condición de mi rápida velocidad y recepción de pases, me comenzaron a llegar centros divididos, entre ellos uno que cayó muy cerca del área. Vi acercarse por mi derecha al portero, por mi izquierda yo iba solo. La gente gritó. Con un toque, antes de que fuera rechazado por los puños, mi pie derecho impulsó el balón, cayendo rodando a un lado, y viendo cómo el esférico iba a parar al fondo del arco.

Fue un gran gol guerreado en su momento entre dos valerosos exponentes del fútbol aficionado. El equipo gritó tanto o más que yo mismo. El partido se ganó uno por cero; por lo cual mi alegría era causada por un jugador defensor que no fue al entrenamiento de ese día.

Cuento 5

Estirando mis músculos, haciendo deporte dominical, se me ocurrió vincularme a la práctica de un equipo que apareció en el parque. Lo conformaban atléticos jugadores aficionados de raza negra, que vestían un serio uniforme rojo. Estaban esperando que llegara el último de sus jugadores para iniciar su entrenamiento. Intrépidamente me situé en el arco, como para detener los disparos que ellos lanzaban calentando, sin ir a pensar que con mis locas atajadas les estaba diciendo que podía serles útil en esa posición.

Aunque la situación del equipo contrario no era mejor de lo que acá estaba pasando, sus jugadores tampoco tenían gran experiencia al jugar. Mis compañeros no se ahorraron esfuerzos marcándoles goles. Uno tras otro los marcaron. Hasta en ocho oportunidades. Mientras que únicamente yo tuve que lanzarme por el balón en un par de ocasiones. En una, el balón me pasó por debajo del cuerpo en un disparo rasante; y en la otra, un disparo que casi a quemarropa me llegó contra el vertical; balón que no pude detener. El marcador era de ocho a dos, y yo sacudía mis guantes. Pero en esas llegó afanado al entrenamiento el arquero titular.

Cuento 6

A veces queremos entrar a jugar los partidos con demasiado entusiasmo; y esto podría mostrarnos, ante los demás, con una falsa seguridad. Sería mucho más responsable ir a jugar con el deseo de tener un momento de sana recreación y por el gusto de hacer deporte. Porque los resultados del partido pueden tener un gran valor para el campeonato, pero en el campo de la batalla es más importante el comportamiento de gallardía mostrado con valor, para que sea el que resulte vencedor.

Cuento 7

Pasaba el tiempo y el gol no se daba. Yo miraba desde afuera cómo los dos conjuntos se demoraban en marcar el primer gol. La incertidumbre se rompió por el mejor razonamiento del técnico cuando me dio su ingreso al campo. Al instante, me hicieron el pase, me llegó alto, pero lo tomé con un golpe de cabeza en ágil movimiento. A la carrera ni el defensor que corría a mi lado imaginó que podría realizar esa jugada que yo tenía tan bien entrenada. De esta manera él se quedó atrás para que yo, con el balón controlado en mis pies, pudiera ingresar al área con toda la libertad para patear al arco. Cuando el portero salió a impedirme el disparo, yo se lo pude dirigir hacia uno de sus costados, sin darle siquiera tiempo para lanzarse, convirtiéndose en gol.

Acabado el partido, uno de los jugadores del equipo perdedor y que era del Perú, curtido por el sol, me felicitó diciéndome que algo así no podía volver a suceder ese día. Me lo dijo a sabiendas de que, en la tarde de ese mismo domingo, tendría que enfrentarse nuevamente los seleccionados de nuestros respectivos países, midiéndose en las eliminatorias para el mundial de Brasil. Así que yo, augurándole suerte, le dije que también ganaríamos nuevamente. En ese partido el marcador registrado en el estadio "El Campín", fue igual al de la mañana en el parque. Uno por cero, ganando.

Cuento 8

Esperaba que desde el medio del campo mis compañeros del equipo donde jugaba me vieran en la posición tan privilegiada que tenía sobre el terreno. Buscaba que me vieran allí para que me lanzaran el pase para anotar el tanto que nos serviría para superar a los contrarios, y de paso, sentir el júbilo que se provoca al marcar. Corría al frente, hacia la zona contraria, viendo en la espera que el balón que me enviaran por sobre los defensas lo pudiera controlar. Cuando esto sucedió, quise adelantar al que iba a mi lado, aunque parecía ser tan insistente que seguía allí, a la par conmigo, en mi misma velocidad. Más, como no podía dejarlo y seguir con el balón, hice algo que me daba buen resultado: sin que fuera a tirarlo ni empujarlo, tomé un poco más de aire, preparé mis músculos para experimentar una velocidad adicional, y, lícitamente le di un pequeño empujón contra su pecho para continuar con el esférico a mis pies. Fue como una explosión de energía interna que me sirvió para alargar cada uno de mis pasos y hacerme sentir que flotaba sobre el césped, aun cuando la cercanía del pórtico era inevitable. Yo quería superar tal impedimento que tenía a mi lado, para que la carrera terminara en gol indefectiblemente; lo cual así ocurrió, sin más alternativas.

Cuento 9

En el estadio había suspenso. El público congregado en las tribunas sostenía suavemente la respiración. Por el cansancio en los jugadores se asumía que era la causa por la que aparecían espacios que podrían utilizar para marcarnos el tan esperado gol. Así que el técnico ordenó mi ingreso; muy a pesar de las opiniones que dicen que los jugadores de gran edad ya no corren.

Al recibir mi primer balón, que llegó por en medio de un espacio dejado entre los volantes de recuperación y los defensas, lo primero que hice fue controlar la fuerza que traía y, acto seguido, pude lanzarlo al arco con toda la fuerza de la pierna derecha, sorprendiendo al portero que estaba movido de su posición, en un gran disparo que se fue englobado contra el poste izquierdo. La emoción fue valedera para que los aficionados lo vieran como gol, sin embargo, el balón lo que hizo fue saltar nuevamente al área en un rebote que me pareció milagroso y mágico. Yo me impulsé reaccionando de forma inmediata y rematé la jugada. La bola esta vez sí fue al interior del arco en un gol que nadie había podido hacer jamás. Me tumbé en el piso de césped celebrando con brazos y piernas, ya que se rompía el empate que se estaba tardando tanto. Las barras oponentes no tuvieron más por hacer, sino levantarse del asiento y comenzar a salir preguntándose por la edad del jugador que anotó ese gol en el último instante del partido.

Cuento 10

Hay aficionados que rehúsan asistir al estadio, a pesar de que añoran estar jugando en su cancha, debido, al parecer, a que muy cerca hay un parque en el que pueden practicar libremente su pasión. Allá calman sus ansias de fútbol. Muchos de ellos llegan allí ilusionados por estar en cualesquiera de los partidos que desde temprano se forman. A lo largo y ancho de su gramilla van conformando con arcos, que no son otra cosa que sus maletines y las bicicletas en las que han llegado, los terrenos, que si pudieran también marcarían con líneas en sus áreas de dieciséis y cinco, con cincuenta metros, para practicar con las reglas este bello deporte, semejando una verdadera cancha, que no desocupan hasta haber conseguido los goles soñados, saciándose de fútbol.

Cuento 11

Estar en tan amplio lugar, jugando partidos de fútbol, solo separados por un par de metros entre sí, pero verlos al tiempo… A cualquiera le podría parecer que se juega allí algún torneo. ¿Objetivo?, ¡saber quién triunfará sobre los demás...!

Cuento 12

Con público en las graderías. Los jueces de línea yendo y viniendo por su corredor. Los árbitros señalando todo con sus silbatos diferentes. La señal sonora dando inicio simultáneo a los partidos. Siete jugadores en cada equipo con su llamativo balón. Y, desde vencer en el primer partido, y en el siguiente, ganador con ganador; ¡saliendo vencedor… jugó a ser el campeón!

Cuento 13

Comprender ese fenómeno que se presenta cuando el balón traza curvas y describe parábolas, al dispararse; siempre será necesario hacerlo. Así como para tener un óptimo desempeño del futbolista y, además, jugar a la perfección, el futbolista que quiera ser un profesional deberá dedicarle tiempo al análisis de todo esto, como un fenómeno que parte de la estructura misma del elemento balón con el cual tendrá que relacionarse al jugar.

Siendo un globo que contiene aire inyectado a presión, lo que le da el peso y el volumen para cumplir las normas que lo exigen, y puesto que es un cuerpo esférico que contiene una cantidad de aire girando internamente, en cada golpe que recibe al jugar, el aire que resbala sobre sí mismo genera movimiento que incide en toda la estructura dominándolo. Este efecto se evidencia ópticamente al poderse ver exteriormente, siendo esto un gran desafío que tiene el futbolista al relacionarse con el elemento básico de juego como es el balón.

¿Quién no ha tenido que pasar por una vergüenza inesperada al patear el balón y este le resulta contrariándonos lo que quisimos hacer con él?, o, dicho de otra manera: ¿Qué razón existe para que el balón se vaya lejos de donde se pretendía que fuese, así lo hayamos disparado correctamente…?

Un comportamiento tan extraño del elemento de juego, nos llevará a preguntar la razón por la que esto sucede. Siendo un globo esférico que lo que contiene es aire deslizándose internamente sobre sí mismo al girar impulsado por la fuerza del impacto, y que según sea ese golpe recibido en la última ocasión, el esférico se comportará de acuerdo con esa acción dominante que estará actuando desde su propio interior. Al darle un posterior puntapié, su dirección y su fuerza podrán presentarse muy diferentes a las que se presume estará llevando internamente; así se terminará comportando muy fuera de control, sin embargo, al detenerlo con seguridad, o con otro golpe que supere esa fuerza giratoria mostrada, se podrá realizar lo que queramos que él haga. La práctica continua ha de sernos algo de mucho valor cuando estemos jugando.

Cuento 14

Al balón, con el impulso inicial que lo condujo hasta finalizar su recorrido, es lo que interviene en él para describir curvas y parábolas. Es la fuerza del movimiento lo que hace que permanezca hasta que se pierda del todo. Más, la resistencia del aire que envuelve al balón en su recorrido, hará que podamos predecir a dónde irá a parar tal balón. Al analizar el sentido en que va girando y la dirección que él va tomando, podemos imaginar a dónde irá a caer finalmente. Y, desde antes de patear el balón, lo que deseamos que él haga.

Porque si la intensión es darle efecto para que sus giros se dirijan en un sentido determinado… (ejemplo: el de las manecillas del reloj o hacia la derecha), se le deberá golpear con la parte externa del pie derecho y sobre el ecuador izquierdo del esférico. Él se irá con curva hacia la derecha. Siendo larga, o corta, según se le dé potencia al golpe que se le proporcione. Teniendo en cuenta la resistencia del aire que lo rodee desde el exterior.

Y si se quiere que el balón vaya trazando la curva hacia la izquierda, habrá que golpeársele por la parte derecha del esférico, y con la parte interna del pie derecho; así irá a parar a la izquierda del recorrido. Más, como los disparos al balón son una potestad de cada jugador, estos siempre serán para aumentar el número de goles dentro de los arcos adversarios.

Cuento 15

Será una fiesta salir a jugar con el balón y practicar jugadas en vacaciones... una época de alegría y felicidad. No hay cosa mejor que ir a jugar en un terreno todo el día.

Cuento 16

Yendo por la carretera hacia la casa, sentado de espaldas, en el bus escolar, imaginando cómo los árboles se quedaban atrás, deduje que se puede disfrutar solamente imaginándose las cosas. A sabiendas de que íbamos hacia adelante, sentí que íbamos hacia atrás. Esto me hizo cavilar en mis compañeros que jugaban en la cancha grande, en la que corren y se cansan; pero en la que tiene instalados los arcos a los lados, de 7.32 metros de altura, por 2.44 metros de ancho, es decir, los profesionales, en esas corrían a sus anchas...Yo, como de un salto desperté y me senté a escribir ese sueño como si fuera una tarea.

Cuento 17

Muchos querrán jugar en un estadio así. Con dos canchas. Hasta los turistas querrán ver un nuevo fútbol en ellas. Siendo un espectáculo -sin par- el que se verá, con partidos dobles. El inventor dijo que son para aficionados; que para qué quitarles el trabajo a los profesionales. Está todo preparado para presentarlos en el estadio. Que hasta el muy novato comprenderá que se trata del popularizar el deporte. Serán hermosas palabras cuando digan: «En una cancha cuatro equipos podrán jugar simultáneamente».

Sí. Lo han preparado todo. Los terrenos con sus líneas alrededor de los arcos como siempre han sido; visiblemente separadas; con un pasillo que usarán los jueces de línea. Con siete los titulares por equipo y cuatro reemplazos por obligación. En dos tiempos de juego de 30 minutos de duración cada uno. Los vencedores por cada partido se podrán medir entre sí; también los perdedores, simultáneamente, para obtener un gran campeón, un segundo y un tercero de ese torneo de un día.

Para impartir justicia los silbatos serán de tonos sonoros diferentes entre sí. Y una señal de campana que todo el estadio oirá, iniciará y finalizará el tiempo de juego. Los saques de arco y los que se hacen posteriores al gol, realizados con las manos y hacia dos de sus compañeros. Los balones diferenciados por el color, en cada uno de los partidos, serán claramente los principales protagonistas del evento.

Cuento 18

En uno de los equipos podré estar. El árbitro en su correspondiente lugar. Allí se darán cita los mejores, ya la gente se mueve, ubicándose frente a su equipo preferido, o si quiere para ver la acción en simultáneo. Y es que por siempre lo soñé. Con jugar en el estadio. Y, ahora… esto es… estar a punto de hacerlo. ¡Juguemos!

Cuentos complementarios para El Fútbol 2X (2da Parte)

Cuento 1

Con mis guayos puestos y la pantaloneta esperando en la maleta, yo, a un lado de la gramilla, a la espera de patear el único balón que había en toda la cancha; pues, aún no se completaba el equipo para el entrenamiento. Mientras tanto, oía al profesor con sus indicaciones: «¡Calienten esos músculos! ¡Vamos!, ¡Prepárenlos bien para jugar!». Y con los ojos cerrados quería sentir el piso, evaluar su dureza y cuando me caiga me pueda levantar de inmediato, sin sentir dolor.

Cuando corrí tras el esférico, sentí el ahogo en los pulmones que me equivalía a saber cómo me latía el corazón. Me permití exigirlo más cuando corrí con mayor velocidad. Al llegar el sudor, todo mi cuerpo me estaba avisando que ya podía vestirme el uniforme completo para entrar a jugar.

Cuento 2

Corría por el centro del campo. Quien me lanzó el balón fue el compañero, el lateral derecho. Lo conducía por su sector, acosado por un volante de recuperación, quien no quería permitirle ni levantar la cara para mirar a ver quién podría recibirle el pase para que rematara la jugada. Sin avisar, al fin lo hizo. Con total perfección. Por entre los pasos del marcador me lo dirigió cuando nos acercábamos al arco. Y después de recorrer tan largo tramo, ese balón, por aire se lo recibí con un golpe sorpresivo que me salió también a la perfección. El balón cayó al fondo del arco, resultándome un golazo que todos gritamos largamente por la cancha con mucha alegría.

Cuento 3

El arquero de los contrarios se había presentado de improviso y desalojó al que había empezado jugando en el equipo. Llegó vistiendo de negro, un uniforme espectacular, como si fuera a enseñarnos su capacidad para atrapar balones cuando los tuviera a su alcance. Desde el primer momento se situó en el arco, dándose el lujo de querer meter miedo al medir con sus pasos el recorrido de un lado al otro. Lanzó salivazos sobre sus guantes. Nadie se atrevió a preguntarle si pertenecía a algún equipo profesional, aun cuando su imponente figura decía mucho. Era un jugador fuera de lo común. El estar curtido por el sol me hablaba también de que no saldría como perdedor del partido, pues, a cada remate que le hacían mis compañeros de la delantera, atrapaba los balones entre sus manos extendiendo los brazos sin ninguna demora. Así permanecería invicto casi todo el tiempo del partido. Apenas nos acercamos como aficionados, pero al querer traspasar la línea de gol él se cuidaba como todo un conocedor de su puesto.

Más, el jugador que se preparó para ir a jugarle cerca y a su altura, fue el que llegaría acomodando algunos maletines que deformaban el arco; observó las bicicletas que detrás del arco estaban caídas, y fue a acomodarse para el tiro de esquina; se apresuró, como si lo hubiera pedido, y el disparo le llegó a baja altura para que, con un salto horizontal, como en palomita, darle el cabezazo que efectivamente hiciera que viera pasar el balón de gol con el que perdió su equipo ese día. El que marcó el gol fui yo.

Cuento 4

Llegó un equipo a la cancha, vestían uniformes completos. Como si fueran a jugar algún partido de campeonato. Más cuando el árbitro pitó llamando al centro del campo ellos se apresuraron y contaron los jugadores con los que jugarían. Se dieron cuenta de que les faltaba un compañero. Buscaron dentro del público a alguien que quisiera jugar en su partido en su reemplazo; por lo cual me vi participando en su práctica que habían concertado con otro equipo similar. De defensa, me pusieron. Los contrarios me golpeaban cada vez que iba por el esférico primero que cualquiera de ellos y, al ganarlo, me veía expuesto a la manera de practicar el fútbol de tan rudos atacantes; tras lo cual me cambiaron la posición subiéndome a la delantera.

Allí, por la condición de mi rápida velocidad y recepción de pases, me comenzaron a llegar centros divididos, entre ellos uno que cayó muy cerca del área. Vi acercarse por mi derecha al portero, por mi izquierda yo iba solo. La gente gritó. Con un toque, antes que fuera rechazado por los puños, mi pie derecho impulsó el balón, cayendo rodando a un lado, y viendo cómo el esférico iba a parar al fondo del arco.

Fue un gran gol guerreado en su momento entre dos valerosos exponentes del fútbol aficionado. El equipo gritó tanto o más que yo mismo. El partido se ganó uno por cero; por lo cual mi alegría era causada por un jugador defensor que no fue al entrenamiento de ese día.

Cuento 5

Estirando mis músculos, haciendo deporte dominical, se me ocurrió vincularme a la práctica de un equipo que apareció en el parque. Lo conformaban atléticos jugadores aficionados de raza negra, que vestían un serio uniforme rojo. Estaban esperando que llegara el último de sus jugadores para iniciar su entrenamiento. Intrépidamente me situé en el arco, como para detener los disparos que ellos lanzaban calentando, sin ir a pensar que con mis locas atajadas les estaba diciendo que podía serles útil en esa posición.

Aunque la situación del equipo contrario no era mejor de lo que acá estaba pasando, sus jugadores tampoco tenían gran experiencia al jugar. Mis compañeros no se ahorraron esfuerzos marcándoles goles. Uno tras otro los marcaron. Hasta en ocho oportunidades. Mientras que únicamente yo tuve que lanzarme por el balón en un par de ocasiones. En una, el balón me pasó por debajo del cuerpo en un disparo rasante; y en la otra, un disparo que casi a quemarropa me llegó contra el vertical; balón que no pude detener. El marcador era de ocho a dos, y yo sacudía mis guantes. Pero en esas llegó afanado al entrenamiento, el arquero titular.

Cuento 6

A veces queremos entrar a jugar los partidos con demasiado entusiasmo; y esto podría mostrarnos, ante los demás, con una falsa seguridad. Sería mucho más responsable ir a jugar con el deseo de tener un momento de sana recreación y por el gusto de hacer deporte. Porque los resultados del partido pueden tener un gran valor para el campeonato, pero en el campo de la batalla es más importante el comportamiento de gallardía mostrado con valor, para que sea el que resulte vencedor.

Cuento 7

Pasaba el tiempo y el gol no se daba. Yo miraba desde afuera cómo los dos conjuntos se demoraban en marcar el primer gol. La incertidumbre se rompió por el mejor razonamiento del técnico cuando me dio su ingreso al campo. Al instante, me hicieron el pase, me llegó alto, pero lo tomé con un golpe de cabeza en ágil movimiento. A la carrera ni el defensor que corría a mi lado imaginó que podría realizar esa jugada que yo tenía tan bien entrenada. De esta manera él se quedó atrás para que yo, con el balón controlado en mis pies, pudiera ingresar al área con toda la libertad para patear al arco. Cuando el portero salió a impedirme el disparo, yo se lo pude dirigir hacia uno de sus costados, sin darle siquiera tiempo para lanzarse, convirtiéndose en gol.

Acabado el partido uno de los jugadores del equipo perdedor y que era del Perú, curtido por el sol, me felicitó diciéndome que algo así no podía volver a suceder ese día. Me lo dijo a sabiendas que, en la tarde de ese mismo domingo, tendría que enfrentarse nuevamente los seleccionados de nuestros respectivos países midiéndose en las eliminatorias para el mundial de Brasil. Así que yo, augurándole suerte, le dije que también ganaríamos nuevamente. En ese partido el marcador registrado en el Estadio El Campín, fue igual al de la mañana en el parque. Uno por cero, ganando.

Cuento 8

Esperaba que desde el medio del campo mis compañeros del equipo donde jugaba me vieran en la posición tan privilegiada que tenía sobre el terreno. Buscaba que me vieran allí para que me lanzaran el pase para anotar el tanto que nos serviría para superar a los contrarios, y de paso, sentir el júbilo que se provoca al marcar. Corría al frente, hacia la zona contraria, viendo en la espera que el balón que me enviaran por sobre los defensas lo pudiera controlar. Cuando esto sucedió, quise adelantar al que iba a mi lado, aunque parecía ser tan insistente que seguía allí, a la par conmigo, en mi misma velocidad. Más, como no podía dejarlo y seguir con el balón, hice algo que me daba buen resultado: sin que fuera a tirarlo ni empujarlo, tomé un poco más de aire, preparé mis músculos para experimentar una velocidad adicional, y, lícitamente le di un pequeño empujón contra su pecho para continuar con el esférico a mis pies. Fue como una explosión de energía interna que me sirvió para alargar cada uno de mis pasos y hacerme sentir que flotaba sobre el césped, aun cuando la cercanía del pórtico era inevitable. Yo quería superar tal impedimento que tenía a mi lado, para que la carrera terminara en gol indefectiblemente; lo cual así ocurrió, sin más alternativas.

Cuento 9

En el estadio había suspenso. El público congregado en las tribunas sostenía suavemente la respiración. Por el cansancio en los jugadores se asumía que era la causa por la que aparecían espacios que podrían utilizar para marcarnos el tan esperado gol. Así que el técnico ordenó mi ingreso; muy a pesar de las opiniones que dicen que los jugadores de gran edad ya no corren.

Al recibir mi primer balón, que llegó por en medio de un espacio dejado entre los volantes de recuperación y los defensas, lo primero que hice fue controlar la fuerza que traía y, acto seguido, pude lanzarlo al arco con toda la fuerza de la pierna derecha, sorprendiendo al portero que estaba movido de su posición, en un gran disparo que se fue englobado contra el poste izquierdo. La emoción fue valedera para que los aficionados lo vieran como gol, sin embargo, el balón lo que hizo fue saltar nuevamente al área en un rebote que me pareció milagroso y mágico. Yo me impulsé reaccionando de forma inmediata y rematé la jugada. La bola esta vez sí fue al interior del arco en un gol que no nadie había podido hacer jamás. Me tumbé en el piso de césped celebrando con brazos y piernas, ya que se rompía el empate que se estaba tardando tanto. Las barras oponentes no tuvieron más por hacer sino levantarse del asiento y comenzar a salir preguntándose por la edad del jugador que anotó ese gol en el último instante del partido.

Cuento 10

Hay aficionados que rehúsan a asistir al estadio, a pesar que añoran estar jugando en su cancha, debido, al parecer, a que muy cerca hay un parque en el que pueden practicar libremente su pasión. Allá calman sus ansias de fútbol. Muchos de ellos llegan allí ilusionados por estar en cualesquiera de los partidos que desde temprano se forman. A lo largo y ancho de su gramilla van conformando con arcos, que no son otra cosa que sus maletines y las bicicletas en las que han llegado, los terrenos, que si pudieran también marcarían con líneas en sus áreas de dieciséis y cinco, con cincuenta metros, para practicar con las reglas este bello deporte, semejando una verdadera cancha, que no desocupan hasta haber conseguido los goles soñados, saciándose de fútbol.

Cuento 11

Estar en tan amplio lugar, jugando partidos de fútbol, solo separados por un par de metros entre sí, pero verlos al tiempo… A cualquiera le podría parecer que se juega allí algún torneo. ¿Objetivo?, ¡saber quién triunfará sobre los demás...!

Cuento 12

Con público en las graderías. Los jueces de línea yendo y viniendo por su corredor. Los árbitros señalando todo con sus silbatos diferentes. La señal sonora dando inicio simultáneo a los partidos. Siete jugadores en cada equipo con su llamativo balón. Y, desde vencer en el primer partido, y en el siguiente, ganador con ganador; ¡saliendo vencedor… jugó a ser el campeón!

Cuento 13

Comprender ese fenómeno que se presenta cuando el balón traza curvas y describe parábolas, al dispararse; siempre será necesario hacerlo. Así como para tener un óptimo desempeño del futbolista y, además, jugar a la perfección, el futbolista que quiera ser un profesional deberá dedicarle tiempo al análisis de todo esto, como un fenómeno que parte de la estructura misma del elemento balón con el cual tendrá que relacionarse al jugar.

Siendo un globo que contiene aire inyectado a presión, lo que le da el peso y el volumen para cumplir las normas que lo exigen, y puesto que es un cuerpo esférico que contiene una cantidad de aire girando internamente, en cada golpe que recibe al jugar, el aire que resbala sobre sí mismo genera movimiento que incide en toda la estructura dominándolo. Este efecto se evidencia ópticamente al poderse ver exteriormente, siendo esto un gran desafío que tiene el futbolista al relacionarse con el elemento básico de juego como es el balón.

¿Quién no ha tenido que pasar por una vergüenza inesperada al patear el balón y este le resulta contrariándonos lo que quisimos hacer con él?, o, dicho de otra manera: ¿Qué razón existe para que el balón se vaya lejos de donde se pretendía que fuese, así lo hayamos disparado correctamente…? Un comportamiento tan extraño del elemento de juego, nos llevará a preguntar la razón por la que esto sucede. Siendo un globo esférico que lo que contiene es aire deslizándose internamente sobre sí mismo al girar impulsado por la fuerza del impacto, y que según sea ese golpe recibido en la última ocasión, el esférico se comportará de acuerdo con esa acción dominante que estará actuando desde su propio interior. Al darle un posterior puntapié, su dirección y su fuerza podrán presentarse muy diferentes a las que se presume estará llevando internamente; así se terminará comportando muy fuera de control, sin embargo, al detenerlo con seguridad, o con otro golpe que supere esa fuerza giratoria mostrada, se podrá realizar lo que queramos que él haga. La práctica continua ha de sernos algo de mucho valor cuando estemos jugando.

Cuento 14

Al balón, con el impulso inicial que lo condujo hasta finalizar su recorrido, es lo que interviene en él para describir curvas y parábolas. Es la fuerza del movimiento lo que hace que permanezca hasta que se pierda del todo. Más, la resistencia del aire que envuelve al balón en su recorrido, hará que podamos predecir a dónde irá a parar tal balón. Al analizar el sentido en que va girando y la dirección que él va tomando, podemos imaginar a dónde irá a caer finalmente. Y, desde antes de patear el balón, lo que deseamos que él haga.

Porque si la intensión es darle efecto para que sus giros se dirijan en un sentido determinado… (ejemplo: el de las manecillas del reloj o hacia la derecha), se le deberá golpear con la parte externa del pie derecho y sobre el ecuador izquierdo del esférico. Él se irá con curva hacia la derecha. Siendo larga, o corta, según se le dé potencia al golpe que se le proporcione. Teniendo en cuenta la resistencia del aire que lo rodee desde el exterior.

Y si se quiere que el balón vaya trazando la curva hacia la izquierda, habrá que golpeársele por la parte derecha del esférico, y con la parte interna del pie derecho; así irá a parar a la izquierda del recorrido. Más, como los disparos al balón son una potestad de cada jugador, estos siempre serán para aumentar el número de goles dentro de los arcos adversarios.

Cuento 15

Será una fiesta salir a jugar con el balón y practicar jugadas en vacaciones… una época de alegría y felicidad. No hay cosa mejor que ir a jugar en un terreno todo el día.

Cuento 16

Yendo por la carretera hacia la casa, sentado de espaldas, en el bus escolar, imaginando cómo los árboles se quedaban atrás, deduje que se puede disfrutar solamente imaginándose las cosas. A sabiendas de que íbamos hacia adelante, sentí que íbamos hacia atrás. Esto me hizo cavilar en mis compañeros que jugaban en la cancha grande, en la que corren y se cansan; pero en la que tiene instalados los arcos a los lados, de 7.32 metros de altura, por 2.44 metros de ancho, es decir, los profesionales, en esas corrían a sus anchas…Yo, como de un salto desperté y me senté a escribir ese sueño como si fuera una tarea.

Cuento 17

Muchos querrán jugar en un estadio así. Con dos canchas. Hasta los turistas querrán ver un nuevo fútbol en ellas. Siendo un espectáculo -sin par- el que se verá, con partidos dobles. El inventor dijo que son para aficionados; que para qué quitarles el trabajo a los profesionales. Está todo preparado para presentarlos en el estadio. Que hasta el muy novato comprenderá que se trata del popularizar el deporte. Serán hermosas palabras cuando digan: «En una cancha cuatro equipos podrán jugar simultáneamente».

Sí. Lo han preparado todo. Los terrenos con sus líneas alrededor de los arcos como siempre han sido; visiblemente separadas; con un pasillo que usarán los jueces de línea. Con siete los titulares por equipo y cuatro reemplazos por obligación. En dos tiempos de juego de 30 minutos de duración cada uno. Los vencedores por cada partido se podrán medir entre sí; también los perdedores, simultáneamente, para obtener un gran campeón, un segundo y un tercero de ese torneo de un día.

Para impartir justicia los silbatos serán de tonos sonoros diferentes entre sí. Y una señal de campana que todo el estadio oirá, iniciará y finalizará el tiempo de juego. Los saques de arco y los que se hacen posteriores al gol, realizados con las manos y hacia dos de sus compañeros. Los balones diferenciados por el color, en cada uno de los partidos, serán claramente los principales protagonistas del evento.

Cuento 18

En uno de los equipos podré estar. El árbitro en su correspondiente lugar. Allí se darán cita los mejores, ya la gente se mueve, ubicándose frente a su equipo preferido, o si quiere para ver la acción en simultáneo. Y es que por siempre lo soñé. Con jugar en el estadio. Y, ahora… esto es… estar a punto de hacerlo. ¡Juguemos!

FIN

www.ingramcontent.com/pod-product-compliance
Lightning Source LLC
LaVergne TN
LVHW010508160826
845677LV00012B/2730
* 9 7 8 9 8 0 8 0 3 0 2 4 2 *